CRÉER TON TOP MODÈLE

Livre de Coloriage pour des Créateurs de Mode

© 2019

Créer Ton Top Modéle : Livre de Coloriage pour des Créateurs de Mode

Lovable Duck Sketchbooks

ISBN: 9781098842611

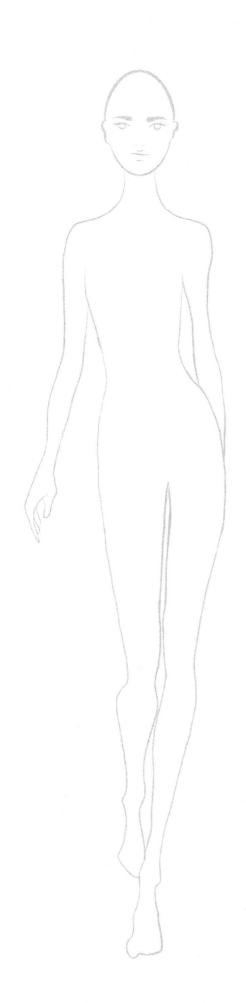

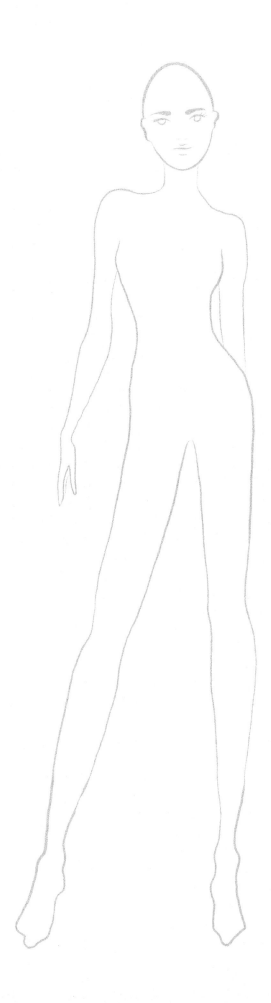

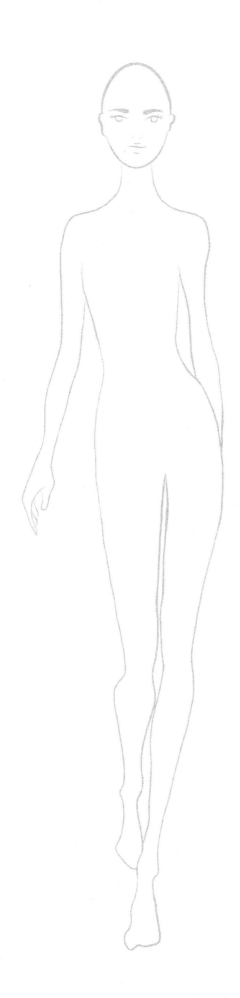

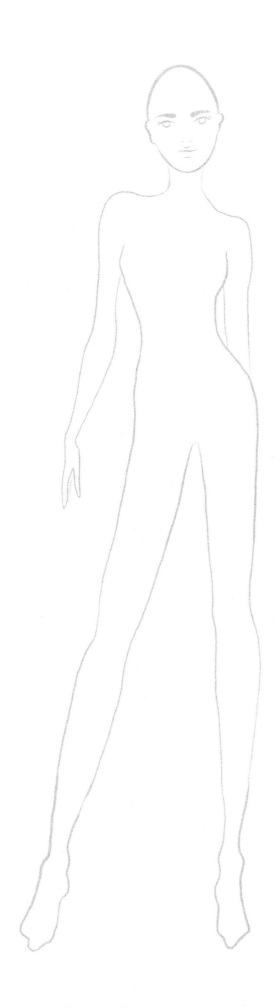

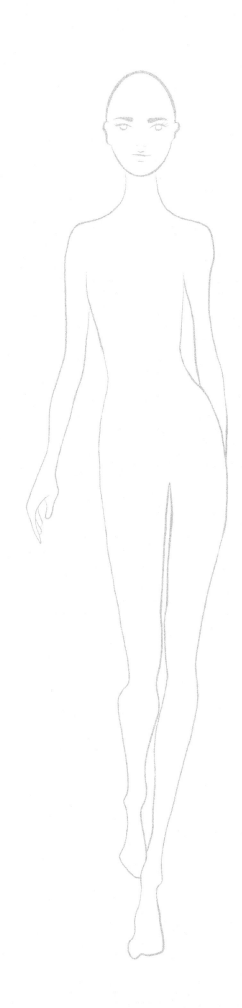

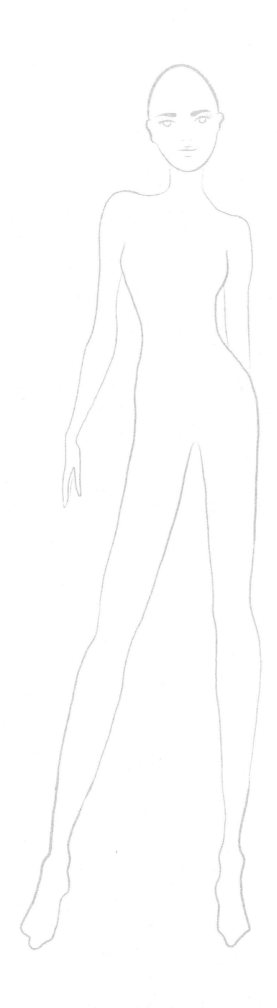

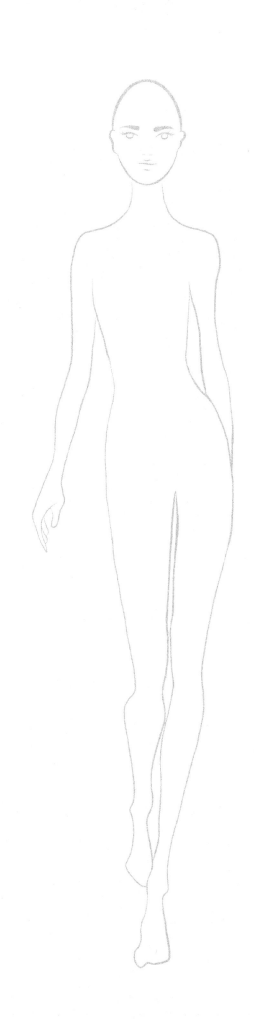

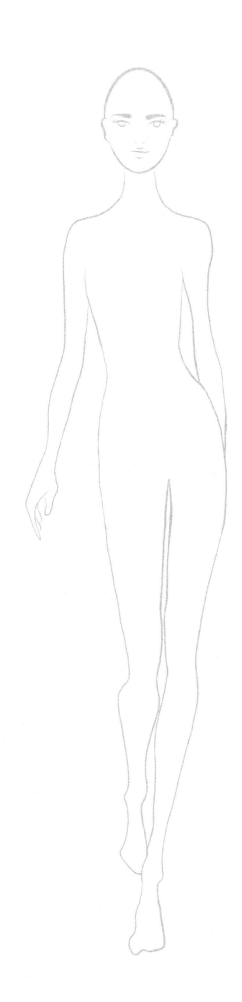

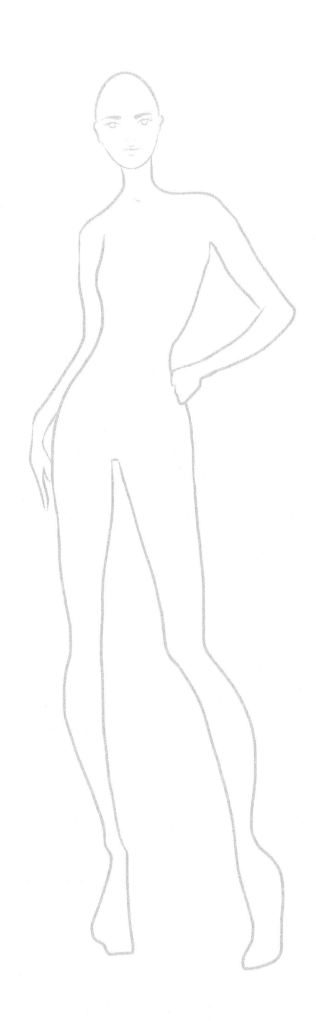

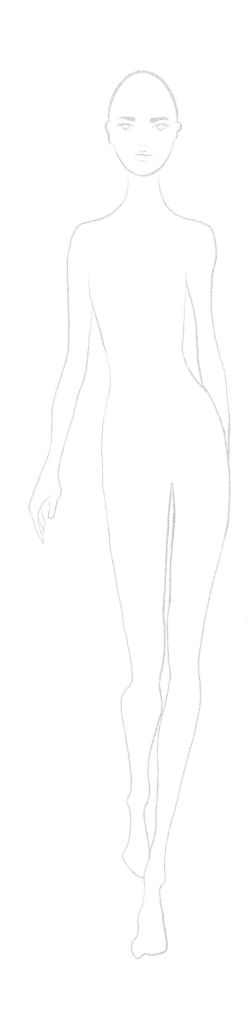

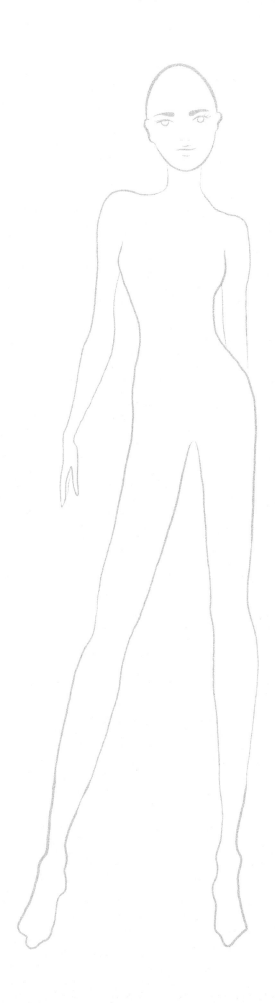

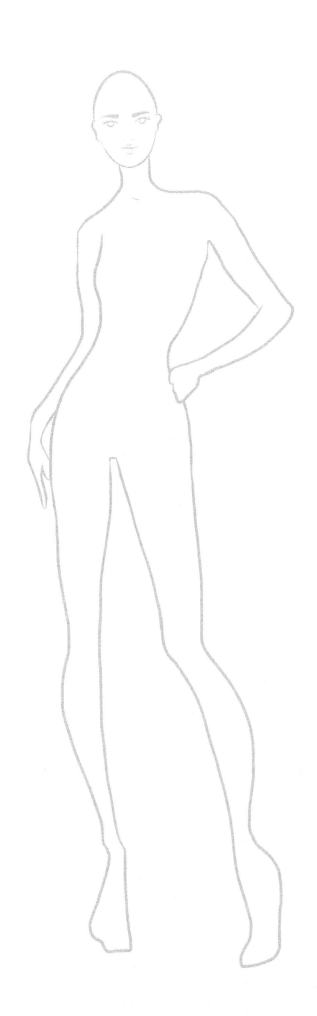

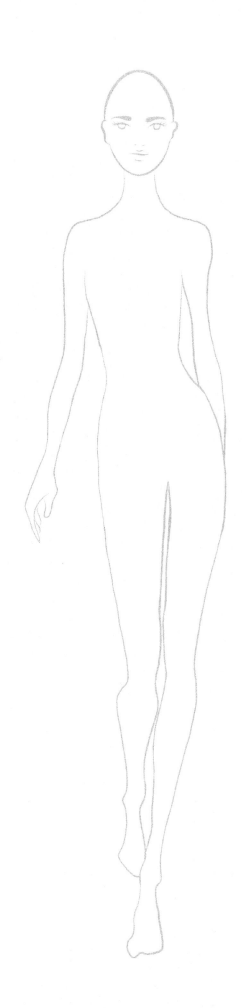

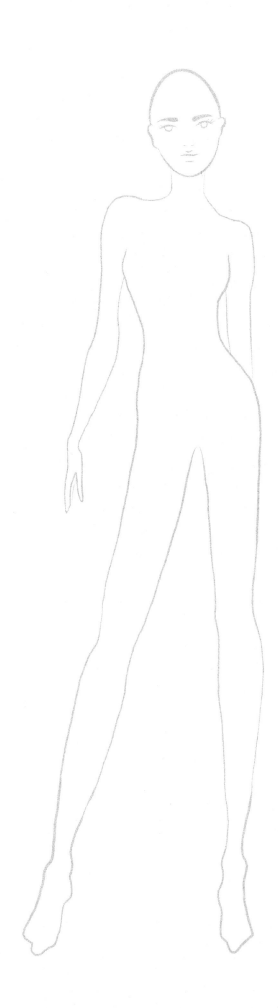

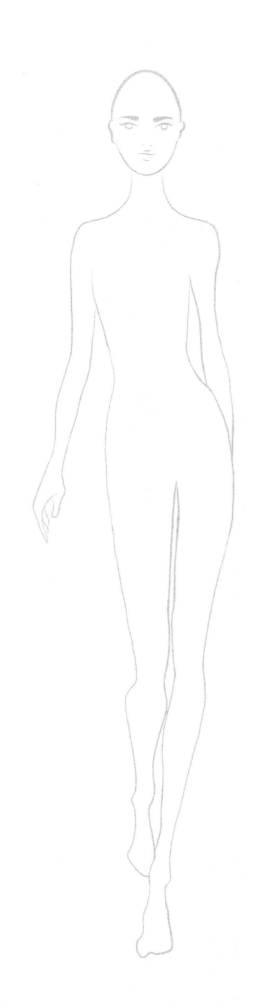

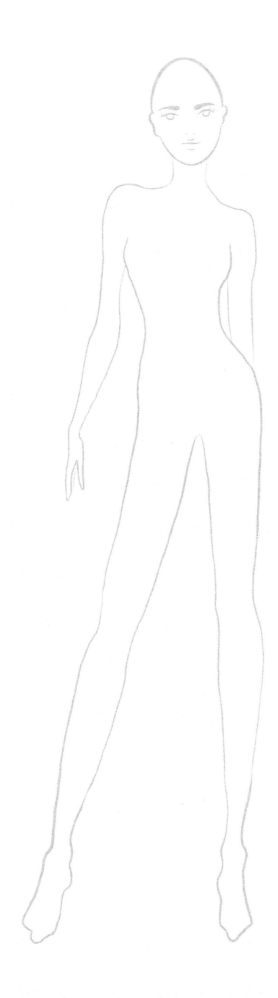

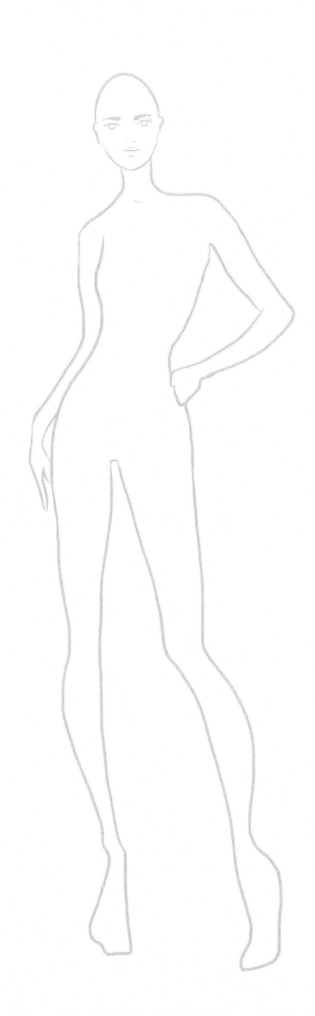

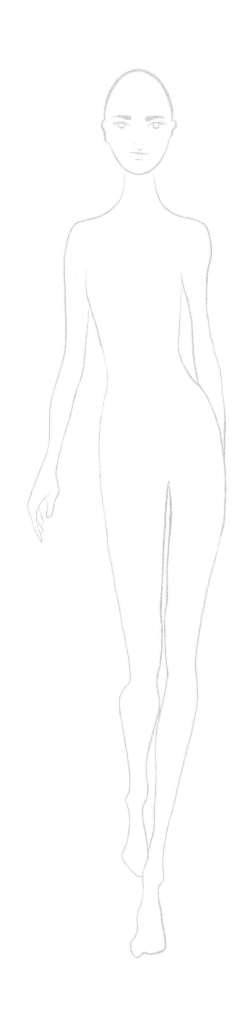

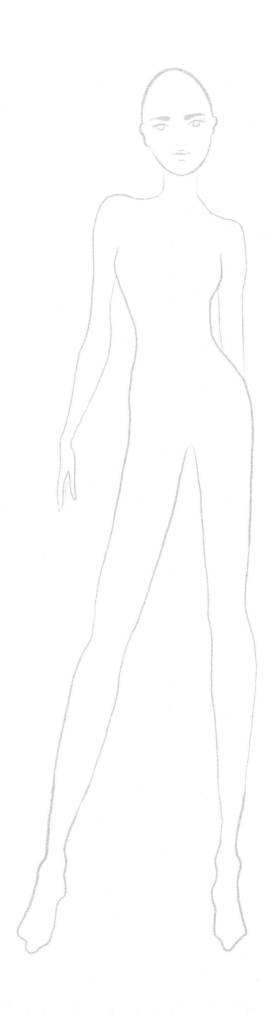

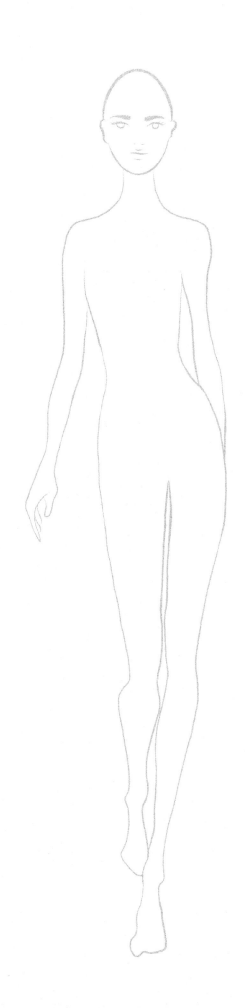

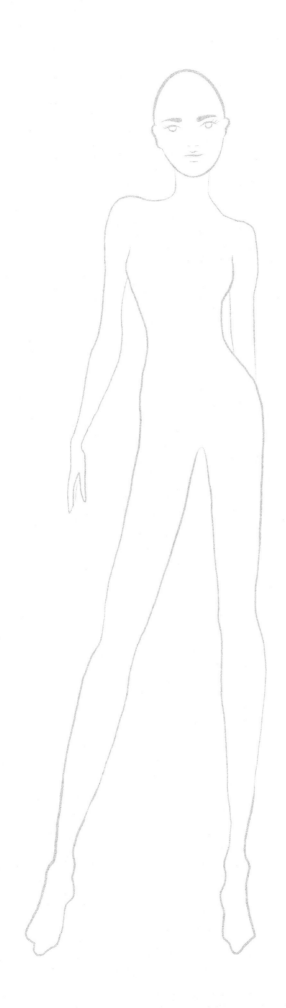

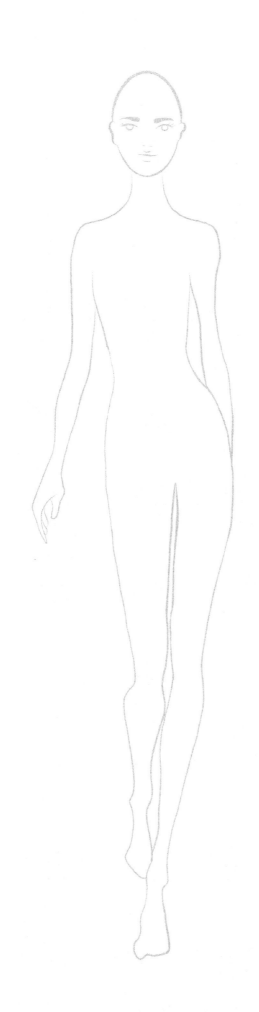

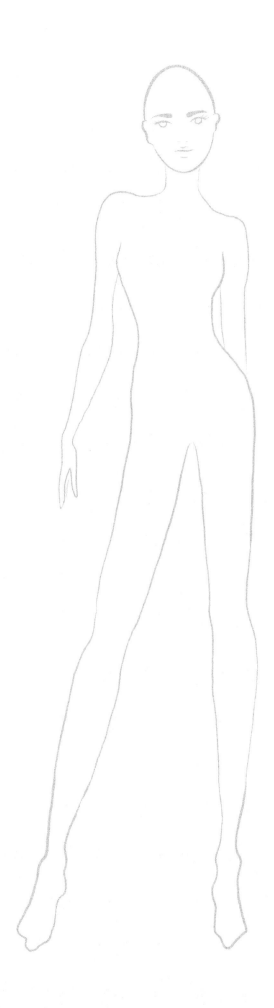

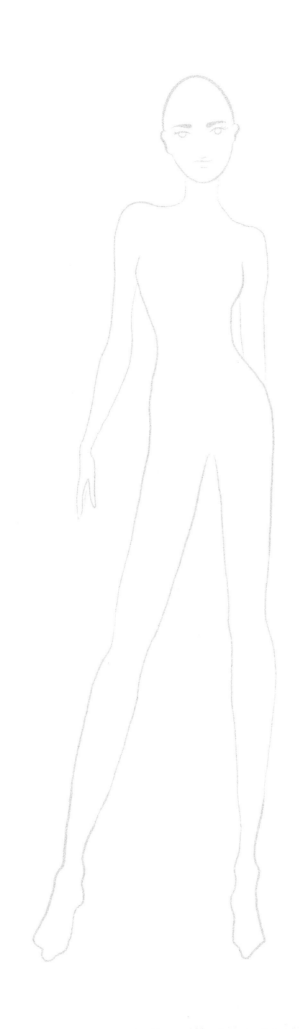

Made in the USA
Monee, IL
08 July 2021